EUGÈNE MÜNTZ

PLANS ET MONUMENTS DE ROME ANTIQUE

NOUVELLES RECHERCHES.

Extrait des Mélanges G.-B. de Rossi.
Supplément aux Mélanges d'archéologie et d'histoire
publiés par l'École française de Rome, T. XII.

ROME
IMPRIMERIE DE LA PAIX, PHILIPPE CUGGIANI
Via della Pace, 35.
1892

(15)

TABLE DES MATIÈRES
CONTENUES DANS LES *MÉLANGES*.

produits par les premiers fidèles. — P. FABRE, Le patrimoine de l'Eglise romaine dans les Alpes Cottiennes. — Nécrologie. — 14 pl.

V (1885). V. BLAVETTE, La palestre des thermes d'Agrippa. — C. LÉCRIVAIN, Le partage social du *fundus* romain. — Ern. LANGLOIS, Le ms. Ottobonien 2528. — R. DE LA BLANCHÈRE, Villes disparues. *Conca.* — E. LE BLANT, Notes sur quelques actes des martyrs. — Ern. LANGLOIS, La Somme Acé. — J. B. DE ROSSI, Le martyrologe hiéronymien. — L. DUCHESNE, Les sources du martyrologe hiéronymien. — J. GROUSSET, Le Bon Pasteur et les scènes pastorales dans la sculpture funéraire des chrétiens. — A. BERTHELOT, Ecrits mathématiques du moyen-âge. — A. ESMEIN, Débiteurs privés de sépulture. — E. LE BLANT, Un sarcophage chrétien récemment découvert à Rome. — G. LUMBROSO, Un doute au sujet de Trogue Pompée. — M. PROU, Additions et corrections au *Gallia christiana*, d'après les Registres d'Honorius IV. — Ch. LÉCRIVAIN, Sur le recrutement des avocats sous le Bas Empire. — P. DE NOLHAC, Jacques Amyot et le décret de Gratien. — P. FABRE, Sur un ms. de la chronique de Jordanus. — André PÉRATÉ, Le groupe de Panéas. — Georges DIGARD, Deux documents sur l'église de Saint Maximin en Provence. — C. JULLIAN, *Caius Serenus proconsul Galliae Transalpinae.* — P. BATIFFOL, *Evangeliorum codex graecus purpureus Beratinus* Φ. — H. DOULCET, Sur une fresque de S. Martin des Monts. — M. PROU, Inventaire des meubles du cardinal Geoffroi d'Alatri, 1287. **Bibliographie.** — 16 planches.

VI (1886). Ch. POISNEL, Un concile apocryphe du pape S. Silvestre. — Ch. ROBERT, Arcantodan, nom commun gaulois. — L. DUCHESNE, Topographie de Rome au moyen-âge. — A. MARTIN, Les cavaliers et les processions dans les fêtes athéniennes. — H. ALBANÈS, La chronique de S. Victor de Marseille. — Ch. LÉCRIVAIN, La juridiction fiscale d'Auguste à Dioclétien. — Ed. CUQ, De la nature des crimes imputés aux Chrétiens, d'après Tacite. — P. DE NOLHAC, Un compagnon de Pomponius Laetus. — P. FABRE, Vies de papes dans les mss. du *Liber censuum.* — Ch. DIEHL, Le monastère de S. Nicolas di Casole près d'Otrante. — P. DURRIEU, Etudes sur la dynastie angevine de Naples. Le *Liber donationum Caroli primi.* — E. LE BLANT, De quelques sujets représentés sur des lampes en terre cuite de l'époque chrétienne. — Léop. DELISLE, Virgile copié au Xe siècle par le moine Rabingus. — P. DE NOLHAC, Inventaire des manuscrits grecs de Jean Lascaris. — L. DUCHESNE, Un mot sur le *Liber pontificalis.* — M. PROU, Monnaie de Polémon II, roi du Pont. — E. LE BLANT, Mosaïque découverte au Palais Farnèse. — A. PÉRATÉ, La mission de François de Sales dans le Chablais. — A. ESMEIN, Sur l'origine des juridictions privées. — L. AUVRAY, Sur le cartulaire de N. D. du Bourg-moyen de Blois. — Ern. LANGLOIS, Le rouleau d'*Exultet* de la Biblioth. Casanatense. — M. DESROUSSEAUX, Sur quelques manuscrits d'Italie. — Léon G. PÉLISSIER, Les amis d'Holstenius. — M. DESROUSSEAUX, A propos d'une épitaphe grecque. — 9 planches.

VII (1887). P. DE NOLHAC, Pétrarque, appendice au « Canzoniere » autographe. — Ch. ROBERT, Médaillons antiques de bronze relatifs aux jeux. — Maurice FAUCON, Détention de Rienzi à Avignon. — P. FABRE, Un registre caméral du cardinal Albornoz en 1364. — E. LE BLANT, Le christianisme aux yeux des païens. — M. DESROUSSEAUX, Sur le fragment crypto-tachygraphique du *Palatinus graecus* 73. — R. DE LA BLANCHÈRE, Les ex-voto à Jupiter Poeninus. — E. LE BLANT, De quelques objets antiques représentant des squelettes. — R. CAGNAT, Sur le *Praefectus urbi* appelé à tort Aconius Castullinus. — L. CADIER, Bulles originales du XIIIe siècle aux archives de Navarre. — S. GSELL, Le sénat romain sous Trajan. — R. DE LA BLANCHÈRE, Découverte d'une place à Terracine. — P. BATIFFOL, Inscriptions Byzantines de Saint Georges au Vélabre. — P. FABRE, Un nouveau catalogue des églises de Rome. — L. AUVRAY, Une source de la *Vita Roberti regis* du moine Helgand. — H. NOIRET, Lettres inédites de Démétrius Chalcondyle. — 9 planches.

VIII (1888). P. DE NOLHAC, Giov. Lorenzi, bibliothécaire d'Innocent VIII. — M. PROU, Notice et extraits du ms. 363 fonds de la reine au Vatican. — E. LE BLANT, Les Chrétiens dans la société païenne. — R. DE LA BLANCHÈRE, La poste sur la Voie Appienne. — S. GSELL, Notes d'épigraphie. — E. MÜNTZ, Sources de l'archéologie chrétienne. — L. CADIER, Bulles d'or des archives du Vatican. — Ch. LÉCRIVAIN, L'appel des juges jurés sous le Haut Empire. — E. LE BLANT, Coupe de verre gravé. — Ch. GRANDJEAN, Benoît XI avant son pontificat. — E. LE BLANT, Monument relatif aux fils de Sainte Félicité. — P. BATIFFOL, Librairies byzantines à Rome. — Ch. DIEHL, Deux manuscrits à miniatures de Messine. — Orazio MARUCCHI, Busto del Salvatore trovato nel cimitero di S. Sebastiano. — E. MICHON, La Corse sous la domination romaine. — A. ESMEIN, Un contrat dans l'Olympe homérique. — H. STEVENSON, Tuiles de plomb de la basilique de S. Marc. — J. B. DE ROSSI, L'inscription du tombeau d'Adrien Ier, par Charlemagne. — E. LE BLANT, Sarcophage découvert près de la Via Salaria. — Alcide MACÉ, Un manuscrit de Solin. — L. DUVAU, Glossaire latin-allemand, Vat. Reg. 1701. — **Bibliographie.** — 15 planches.

IX (1889). S. GSELL, Chronologie des ex-

...péditions de Domition pendant l'année 89. — A. MACÉ, Note sur les fragments d'Asper d'après le palimpseste de Corbie. — W. HELBIG, Coupe attique trouvée en Étrurie. — P. BATIFFOL, Les manuscrits grecs de Lollino évêque de Bellune. Recherches pour servir à l'histoire de la Vaticane. — Léon CADIER, Le tombeau du pape Paul III Farnèse, de Guglielmo Della Porta. — E. JORDAN, Florence et la succession lombarde, 1447-1450. — A. AUDOLLENT, Dessin inédit d'un fronton du temple de Jupiter Capitolin. — E. MÜNTZ, Les arts à la Cour des Papes, nouvelles recherches sur les pontificats de Martin V, d'Eugène IV, de Nicolas V, de Calixte III, de Pie II et de Paul II. — Rod. LANCIANI, Les récentes fouilles d'Ostie. La caserne des Vigiles et l'Augusteum. — P. ANDRÉ, Les récentes fouilles d'Ostie. Étude et plan des ruines. — H. DEGLANE, Le Stade du Palatin. — Nécrologie. — Bibliographie : Domenico TESORONI, *Il Palazzo di Firenze e l'eredità di Balduino del Monte, fratello di papa Giulio III.* — Paul FABRE, Le *Liber censuum de l'Église Romaine, publié avec une préface et un commentaire.* — Arthur ENGEL et Raymond SERRURE, *Répertoire des sources imprimées de la numismatique française.* — Aug. AUDOLLENT, Les *Veredarii* émissaires impériaux sous le Bas Empire. — Étienne MICHON, Note sur des fouilles faites à Porto San Stefano. — André BAUDRILLART, Coupes signées de Popilius. — P. FABRE, Registrum Curiæ patrimonii beati Petri in Tuscia. — E. JORDAN, Monuments byzantins de Calabre. — A. BAUDRILLART, Statuette en bronze de Zeus lançant le foudre. — René DE LA BLANCHÈRE, Inscription de Terracine. — L. DUCHESNE, Notes sur la topographie de Rome au moyen-âge; IV et V. - Le forum de Nerva et ses environs. - Le nom d'Anaclet II au palais de Latran. — Charles LÉCRIVAIN, De quelques institutions du Bas Empire. - Les *Principales* dans le régime municipal romain. - Les *Tribuni* des milices municipales. - La juridiction criminelle du préteur sous l'Empire. — Léon G. PÉLISSIER, Un inventaire des manuscrits de la Bibliothèque Corsini dressé par la Porte du Theil. — Bibliographie : DE ROSSI, *Inscriptiones christianae,* II, I, par M. Ed. LE BLANT. — P. FOURNIER, Une nouvelle édition du *Liber diurnus* de M. DE SICKEL. — G. B. DE ROSSI et G. GATTI, *Miscellanea di notizie biografiche e critiche per la topografia e la storia dei monumenti di Roma* — Giacomo LUMBROSO, *Memorie italiane del buon tempo antico.* — Nécrologie : Léon Cadier. — 20 planches.

X (1890). Alb. MARTIN, L'édition de Polybe d'Isaac Casaubon. — L. GUÉRARD, Lettres de Grégoire II à Léon l'Isaurien. — G. LAFAYE, L'Amour incendiaire. — P. BATIFFOL, Chartes byzantines inédites de Grande Grèce. — AUVRAY, Sur un traité des requêtes en co[ur] de Rome du XIII° siècle. — M. COLLIGN[ON] Marsyas, tête en marbre de la collection B[a]racco. — L. DUCHESNE, Les régions de Ro[me] au moyen-âge. — A. GEFFROY, L'Album [de] Pierre Jacques de Reims. ‖ L. DUCHESNE, N[o]tes sur la topographie de Rome. — L. A[U]VRAY, Un traité des requêtes en cour de Ro[me] au XIII° siècle. — Ch. LÉCRIVAIN, Étude[s sur] le Bas Empire. — Ch. DIEHL, Sur quelqu[es] monuments byzantins de Calabre. — L. D[E]VAU, Ciste de Préneste. — P. DELATTRE, [In]scriptions de Carthage. ‖ P. FABRE, La p[er]ception du cens apostolique dans l'Italie ce[n]trale en 1291. — P. FABRE, Le polyptyq[ue] du chanoine Benoît à la Vallicelliane. — E[.] LE BLANT, De quelques statues cachées p[ar] les anciens. — Mission épigraphique en A[l]gérie de MM. Aug. Audollent et J. Letail[lé.] Rapport rédigé par M. AUDOLLENT. [— L. DU]CHESNE, Le dossier du donatisme. — Bibli[o]graphie. — 13 planches.

XI (1891). Ch. DIEHL, Notes sur quelqu[es] monuments byzantins de l'Italie méridional[e.] — A. L. DELATTRE, Marques de vases gre[cs] et romains trouvées à Carthage (1888-189[0]). — J. TOUTAIN, Trois inscriptions de Tabar[ka] (Tunisie). — Georges LAFAYE, Une anthol[o]gie latine du quinzième siècle. — Étien[ne] MICHON, Inscriptions inédites de la Corse. [—] H. DE GEYMÜLLER, Trois albums de dessi[ns] de fra Giocondo — Rod. LANCIANI, Quat[re] dessins inédits de la collection Destaille[ur] relatifs aux ruines de Rome. — Afrique r[o]maine. Fouilles de M. Gsell : Basilique [de] Sainte Salsa à Tipasa. Fouilles de M. Da[u]theville à Tabarka. — Bibliographie. - 5 pla[n]ches. ‖ Cam. ENLART. L'abbaye de San G[al]gano, près Sienne, au treizième siècle. — [J.] TOUTAIN, Une nouvelle inscription de Tro[es]mis (Iglitza). — R. DE LASTEYRIE, Notice s[ur] un plat de bronze gravé découvert à Rom[e.] — L. G. PÉLISSIER, Un registre de lett[res] missives de Louis XII. — Afrique romai[ne.] J. TOUTAIN, Notes sur les poteries commun[es] d'Afrique. — R. CAGNAT, Deux inscriptio[ns] militaires d'Afrique. — P. DELATTRE, Qu[el]ques marques doliaires trouvées à Cartha[ge] en 1891. — Chronique. Fouilles de l'École fr[an]çaise de Rome en Tunisie. — Bibliograph[ie.] — 1 planche. ‖ Fr. NOVATI et G. LAFAYE, [Un] manuscrit n° C de Lyon. — J. TOUTAIN, [Épi]graphie africaine. — H. OMONT, Note sur [les] mss. du *Diarium Italicum* de Montfaucon. [—] J. TOUTAIN, Note sur l'île de la Galite (Tu[ni]sie). — L. DOREZ, Recherches et docume[nts] sur la bibliothèque du cardinal Sirleto. — [P.] ANDRÉ, Théâtre et forum d'Ostie. — Afri[que] romaine. Chronique. — Bibliographie. — [3] planches.

Les *Mélanges d'archéologie et d'histoire* publiés par l'École français[e] de Rome forment à la fin de l'année un volume de 25 feuilles enviro[n,] avec planches, qui paraît en cinq fascicules à 4 francs. Les onze pr[e]miers volumes (1881-1891) sont en vente. Les fascicules ne se ve[n]dent pas séparément.

Rome 1891. IMPRIMERIE DE LA PAIX, Philippe Cuggiani, *Via della Pace,* 35.

EUGÈNE MÜNTZ

PLANS ET MONUMENTS DE ROME ANTIQUE

NOUVELLES RECHERCHES.

Extrait des MÉLANGES G. B. DE ROSSI.
Supplément aux MÉLANGES D'ARCHÉOLOGIE ET D'HISTOIRE
publiés par l'École française de Rome, T. XII.

ROME
IMPRIMERIE DE LA PAIX, PHILIPPE CUGGIANI
Via della Pace, 35.
1892

PLANS ET MONUMENTS DE ROME ANTIQUE

NOUVELLES RECHERCHES

En tête de ces recherches sur les antiquités de la Ville éternelle, je ne saurais inscrire un nom plus sympathique, plus vénéré, que celui du savant illustre auquel l'histoire de Rome païenne non moins que l'histoire de Rome chrétienne doit tant d'éclaircissements inappréciables. Qu'il accepte cet essai comme le témoignage de mon admiration pour ses travaux passés ! Qu'il l'accepte également comme l'expression sincère de mes vœux pour la mise au jour des travaux nouveaux que Rome et le monde érudit tout entier attendent de son inépuisable activité !

Depuis la publication de mon volume sur *les Antiquités de la ville de Rome aux XIV°, XV° et XVI° siècles*, les recherches de MM. de Rossi et Gatti (1), Hülsen (2) et Michaelis (3)

---

(1) Voy. entre autres leur *Miscellanea di Notizie bibliografiche e critiche per la Topografia e la Storia dei Monumenti di Roma*. Rome, 1889 (extr. du *Bullettino della Commissione archeologica comunale di Roma*). — *Panorama circolare di Roma delineato nel 1534 da Martino Heemskerk*. Rome 1892.

(2) Hülsen, *Das Septizonium des Septimus Severus*. Berlin, 1886. — *Vedute delle Rovine del Foro Romano disegnate da Martino Heemskerk*. Rome, 1889. — *Antichità di Monte Citorio*. Rome, 1889.

(3) Michaelis, *Le Antichità della città di Roma descritte da Nicolao Muffel*. Rome, 1888. — *Geschichte des Statuenhofes im Vaticanischen Belvedere*. Berlin, 1890. — *Storia della Collezione capitolina di Antichità fino all'Inaugurazione del Museo nel 1734*. Rome, 1891. — *Römische Skizzenbücher Marten van Heemskercks und anderer nordischen Künstler des XVI Jahrhunderts*. Berlin, 1891.

Parmi les travaux analogues, je citerai : T. Schreiber, *Unedirte römische Fundberichte aus italienischen Archiven und Bibliotheken ver-*

ont fait faire un grand pas à l'histoire des monuments ou des collections de la Ville éternelle. C'est à peine si, devant le flot croissant des découvertes, j'ose mettre au jour les documents bien clairsemés que j'ai recueillis pour ma part personnelle. L'accueil trop gracieux fait par les savants romains à mes précédents travaux m'encourage seul à tenter l'entreprise.

I.

LE SARCOPHAGE DE SAINTE CONSTANCE.

Un manuscrit du Vatican (fonds latin, n° 9022, ff. 277-280) contient le poème suivant, qui a été composé en 1467, à l'occasion du transport du sarcophage de Sainte Constance sur la place de Saint Marc (1). Ce poème, extrait " ex codice ms. saec. XV, Venetiis apud Petrum Contarenum, equitem ac divi Marci procuratorem, asservato „, est dédié à Sigismond Malatesta († 1468). Il renferme, à côté des adulations obligatoires, une revue des principaux monuments antiques de Rome, ainsi que

öffentlicht. Leipzig (1835). — JESSEN, *Zeichnungen römischer Ruinen in der Bibliothek des Kgl. Kunstgewerbe Museums zu Berlin* (Anomia. Archäologische Beitraege Carl Robert zur Erinnerung an Berlin dargebracht). Berlin, 1890. — AUDOLLENT, *Dessin inédit d'un Fronton du temple de Jupiter Capitolin.* Rome, 1889. — A. GEFFROY, *L'Album de Pierre Jacques de Reims. Dessins inédits d'après les marbres antiques conservés à Rome au XVI° siècle.* Rome, 1890. — H. DE GEYMÜLLER, *Trois Albums de Dessins de Fra Giocondo.* Rome, 1891. (Extr., ainsi que les deux précédents mémoires, des *Mélanges... publiés par l'Ecole Française de Rome*). — GNOLI, *Le Origini di maestro Pasquino.* Rome, 1890. Extr. de la *Nuova Antologia.*

(1) Voy. *Les Arts à la cour des Papes,* t. II, p. 83-85, 194; t. III, p. 158.

quelques détails sur le grand et le petit palais de Saint Marc,
à l'achèvement desquels le pape Paul II faisait travailler à ce
moment.

Oratio Urnæ invectæ ad Sanctum Marcum ex æde beatæ Agne-
tis. Ad Illustrissimum Principem Sigismundum Malatestam.

Inscius invectæ ne sis, Dux inclytus, urnæ,
    Perlege quæ cecinit carmina Musa tibi.
Romuleus rapuit me post fera bella triumphus,
    Cum patria adverso subdita Marte mea est.
Tradita sublimis Tarpejo in culmine sedes,
    Spectaculum populis ac decor urbis eram.
Pampinei pendent circum mea corpora ludi,
    Nuda studet juvenum quos celebrare cohors.
Cæsar ab occasu speculans quæque solis ad ortum
    Non similem toto repperit orbe mihi.
Cum superos victo peteret Constantia mundo,
    Cæsare erat nostro clausa jubente sinu.
Sub feretri vitrea tenui testudine templi
    Mixta auro cineres inviolata sacros.
Deserui dominæ sanctissima nobilis ossa
    Molliter urna diu corpore tecta meo.
Reliquiis abiens gemui spoliata vetustis,
    Artubus ut nostris viscera rapta forent.
Nec minus Andromache flevit, furor impius ulnis
    Cum Danaum arripuit Astianata suis.
Indolui monitis, linquens sacra limina templi
    Sæcula quæ incolui tot sine labe prius.
Sed quia Pontificis Pauli sacra jussa peregi
    Diruta post longa tempora tecta peto.
Vecta fui exiguo, princeps dignissime, curru,
    Ingenio potius, quam probitate, virum.

Ad Numentanæ peragravi mœnia portæ
 Vellere quam pulsus Hannibal imbre nequit.
Vertice sunt nec quæ superabant æthera quondam,
 Arcadii referunt ista minora fore.
Flens ingressa fui miseranda mœnia Romæ
 Vertissemque retro, si licuisset, iter:
Cumque Quirinalis superarem culmina montis
 Urbis visa fuit altera forma mihi:
Inspiciens circum, thermas post terga reliqui,
 Quarum reliquiæ præcipitare parant
Quadrupedes Phidiæ laceros comitisque videbam;
 Amborum tantum scripta vetusta manent.
Septenum excelsam montem qui spectat in Urbem,
 In cinerem toties barbara turba dedit.
Flentia Tarpejum verti in mea lumina collem,
 Qui domiti dominus et pater orbis erat.
In cœlum erectas celsis cum turribus arces
 Barbaries stravit, marte favente, solo.
Hei mihi! quod totum qui mons subjecerat orbem
 Supplicii locus est, quod meruere, reis!
Quis gemitu abstineat? Capitolii immobile saxum
 Hostibus intactum rustica turba fodit.
Marmorea hostili quot sunt subjecta ruinæ
 Condita nobilibus digna sepulcra viris!
Cerne, Adriane, tuam surgentem in sidera molem,
 Auro et imaginibus quæ spoliata jacet.
Cæsarei fuerat monumentum corporis olim;
 Machina, nunc urbi bellica signa minans.
Principum et insignes vivis cum vultibus arcus
 Nulla sponte ruunt auxiliante manu,
In quibus impressi victricia ad arma triumphi,
 Priscorum pereant ne monumenta virum.
Semirutum (illacrymans refero) jacet Amphitheatrum,
 Quo, memini, pridem stagna Neronis erant.

Cladibus et senio geminæ periere columnæ,
   Sculpta quibus veterum bellica gesta ducum (1).
Alta quoque Æneadum rapuit furor urbe theatra,
   Corpora quîs rabidis dilanianda feris
Ingentes studuit circus delere vetustas;
   Tantum Flaminius annua festa colit.
Pontibus in Tiberim jactis calcantibus undas,
   Haud ullo latices impediente fluunt.
Vos quoque flumineæ, statio gratissima, ripæ
   Tibridis in gelidas clade ruistis aquas.
Ex nitidis salubres undas qui vexit in urbem
   Fontibus, heu! stratus undique ductus aquæ.
Quot veterum celsas sedes ac templa Deorum
   Egregia ad terram quæ cecidere putrem!
Commodus (2) et Sonipes (3) hostilia vulnera passi,
   Pontificis tantum reficiuntur ope.
Ista gemens postquam conspexi incendia Romæ,
   Pontificem petii, quo mihi cursus erat!
Hic domus insurgit sublimis condita, quando
   Cardineo summus fulsit honore pater (4)
Hortus inest juxta, paries quem circuit altus,
   Quique decet fidei te, pater alme, caput.
Fundamenta jacent, quæ scandere summa videntur
   Regna Deum, solium Pontificale novum.
Millia diversos Ligurum subitura labores
   Per scalas miseri pondera magna ferunt:
Innumeras alii fodiunt sculpuntque columnas,
   Substentent humeris tecta levanda suis.

(1) Sans doute les colonnes Antonine et Trajane.

(2) Le buste de Commode ou de Domitien. Voir MICHAELIS, *Storia della Collezione Capitolina di Antichità, p. 14.*

(3) La statue équestre de Marc Aurèle, restaurée par les soins de Paul II.

(4) Le Palais de Saint Marc.

Ista novæ similis facies Carthaginis olim,
    Iliaco in Libyam clam peragrante duce.
Hactenus haud domino coram data copia fandi,
    Oranti potius janua clausa mihi.
Pontificis media meditabar in arce locari,
    Credideramque loco splendidiore frui.
Sole sub ardenti crebrisque sub imbribus urna,
    Destituor, Sancti Principis ante fores.
Sors mea me postquam peregrinam his appulit oris
    Sim, precor, auxilii tuta favore tui.
Suppliciter Pauli rutilans, rogo, sidus adora,
    Cernuus ante sacros, Dux metuende, pedes.
Quæ flendo invita jussu celerante reliqui,
    Ut mihi sit reditus in sacra templa celer.
Hoc, rogo, clade hostis multo quoque sanguine raptum
    Si tribuant sceptrum numina cuncta tibi.
Dux Malatestiadum, Latii decus, atque vetusta
    Nobilitas procerum sanguine ducta patrum:
Æmiliæ regionis honor, ferus agmine, fulmen
    Armorum, inclyta quod Itala terra tremit:
Dux Ligurum expertus rogitans tua numina supplex,
    Cum Venetum imperio tradita signa tuo.
Clara per Argolicas celeri te labitur urbes
    Fama gradu in Teucros bella gerente truces:
Testantur veteres Adrasti Lennon et Argos,
    Te duce quæ Venetum jam subiere jugum.
Non ego te altisona, princeps celebrande, Camœna
    Cantabo, armipotens, inferiore lira
Quam tua dextra potens bello sit, Horatius edit,
    Præcipiti celeris limine mortis inops.
Nec minor est positis spectata per otia virtus,
    Docte armis etenim dogmata cuncta colis:
Castalio dulces auxisti ex fonte liquores,
    Te subiit vatum Pieriusque calor.

Indigne quamvis solio sis pulsus avorum,
        Ast animo nequiit te superare Pius:
Restituet meritis Pauli clementia regnum
        Quod furor arripuit non tibi jure Pii:
Si fortuna tibi fuerit satis æmula, princeps,
        Fortibus adversa quæ solet esse viris;
Crede mihi, celebris vivet tua fama perennis,
        Pieria vates dum sacra laude canent.

II.

Un plan inédit de Rome au Musée de Francfort.

Les travaux de M. le Commandeur de Rossi ont les premiers appelé l'attention sur l'intérêt des miniatures, dessins, gravures, reproductions de toutes sortes, dans lesquels le moyen-âge et la Première Renaissance ont essayé de fixer leurs impressions sur la configuration de la Ville éternelle. Depuis, le regretté F. Gregorovius, M. Lippmann, le sagace directeur du Cabinet des Estampes de Berlin, M. Stevenson, M. Strzygowski, ont ajouté à la liste dressée par le savant romain plusieurs documents intéressants. J'ai moi-même eu la bonne fortune de livrer à la publicité quelques plans inconnus à mes prédécesseurs, notamment ceux du Livre d'heures du duc de Berry, un des joyaux de la collection du château de Chantilly, et celui de Benozzo Gozzoli, peint à fresque à San Gimignano.

Aujourd'hui, je viens compléter ce catalogue par un plan qui fait partie de deux peintures du XVe siècle, acquises à Cologne, à la vente Paulis, au mois de mai 1890, par l'ancien directeur du Musée de Francfort sur le Mein, M. le docteur Thode, qui a eu le mérite d'en reconnaître le premier l'importance.

Ces peintures consistent en deux panneaux (H. 0.^m 74. L. 1.^m 50), peints en camaïeu bronze touché d'or, et qui représentent, l'un l'*Histoire de Mucius Scævola*, l'autre l'*Histoire d'Horatius Coclès*. C'étaient probablement, à l'origine, des devants de coffres de mariage.

Quoique signalés dans deux journaux quotidiens, la *Frankfurter Zeitung* (n° 35, 4 février 1891) et l'*Allgemeine Zeitung* de Munich (15 et 17 avril 1891), les tableaux du musée do Francfort semblent avoir jusqu'ici échappé à l'attention des spécialistes, et je crois faire œuvre utile en les analysant ici à leur intention.

Au fond du premier, l'*Histoire de Mucius Scævola*, on aperçoit une vue plus ou moins arrangée, et fort arbitrairement orientée, de Rome, vue qui, malgré ce qu'elle a de conventionnel, offre un réel intérêt, comme procédant d'un plan plus ancien. A gauche, le mur d'enceinte crénelé, puis une église, probablement Santa Croce, plus loin le Latran, très confus, avec des coupoles et des flèches, et, à côté, la statue dorée de Marc-Aurèle. A ces monuments font suite un immense aqueduc, différents édicules que je n'ai pas réussi à déterminer, le Colisée, représenté intact, sans la fameuse coupole de bronze dont l'avait doté l'imagination des topographes du moyen-âge, un arc avec des figures dorées, et, derrière cet arc, peut-être le Septizonium; puis deux édifices circulaires à côté de la basilique de Constantin; enfin une colonne triomphale, le Panthéon, et, derrière, un monticule crénelé. Devant le Panthéon, s'élève un palais de petite dimension et peu apparent, crénelé, sans tours, mais avec une sorte de dôme doré, aux fenêtres semi-circulaires et bilobées. Ce serait, d'après les auteurs des deux articles de la *Gazette de Francfort* et de la *Gazette Universelle de Munich*, le palais de Venise. Cependant je dois faire observer que les fenêtres de cet édifice ne sont cintrées qu'au rez-de-chaussée, tandis que les fenêtres du premier et du second étage sont rectangulaires.

Ce plan, encore conçu dans les données abstraites du moyen-âge, est absolument indépendant de ceux qu'ont publiés MM. de Rossi, Gregorovius, Lippmann et Stevenson. Le plan de Mantoue est le seul dont il se rapproche, mais uniquement en tant qu'orientation générale.

Le second panneau représente Horatius Coclès s'élançant dans le Tibre après en avoir rompu le pont. Il contient quelques édifices représentés en dimensions plus grandes, des tours, une colonne triomphale surmontée d'un chapiteau doré, des églises, la *Torre Milisia*.

Quel est l'auteur des deux panneaux du Musée de Francfort? Le catalogue de la collection Paulis a mis en avant le nom de Paolo Uccello, attribution qui ne soutient pas l'examen; car, autant la facture de Paolo est serrée et voulue, autant celle de l'*Histoire de Scævola* et de l'*Histoire de Coclès* est facile et ronde.

Les deux rédacteurs de la *Gazette de Francfort* et de la *Gazette universelle de Munich* revendiquent de leur côté l'ouvrage en faveur de Fra Filippo Lippi, en s'appuyant sur des arguments ingénieux, mais, à mon avis, privés de tout fondement.

Se souvenant d'avoir lu dans Vasari que Fra Filippo Lippi avait envoyé à Rome, au cardinal Barbo, deux petites compositions (1), et ayant d'autre part constaté, sur l'un des deux tableaux, la présence d'un lion rampant à la bande d'argent, armoirie du cardinal Barbo, le savant directeur du Musée de Francfort n'a pas hésité à identifier les deux tableaux qu'il venait d'acquérir aux deux tableaux mentionnés par Vasari. Il insiste en outre sur la profusion, dans tous deux, de motifs emprun-

____

(1) Voici le texte de Vasari: « Mandò di sua mano a Roma due storiette di figure picciole al cardinal Barbo; le quali erano molto eccellentemente lavorate e condotte con diligenzia ».

tés à l'antiquité — on sait que le cardinal Barbo, le futur pape Paul II, était un collectionneur émérite, — ainsi que sur la présence, dans la vue de la ville de Rome, du palais de Saint Marc ou palais de Venise.

Voilà des présomptions, sinon des preuves (ce qui est bien autre chose), assurément fort séduisantes. Malheureusement, il leur manque un élément capital pour provoquer la certitude, qui est, elle aussi, autre chose que l'hypothèse: il leur manque l'analogie entre les deux tableaux de Francfort et les ouvrages authentiques de Fra Filippo Lippi. La manière du " Frate „ est tellement personnelle, son faire tellement souple et voulu, qu'il est impossible de lui attribuer les deux tableaux, d'une facture si courante, du Musée de Francfort. Pas un des types, pas une des attitudes ne se rapproche de ceux des nombreuses peintures authentiques que le Fra Filippo nous a laissées, et qui se caractérisent par les fronts déprimées, les mâchoires, aplaties, etc. Dans les deux tableaux de Francfort, nous trouvons au contraire des têtes d'un style facile et impersonnel, sans accent, remarquablement rondes, avec la bouche en cœur. Nous avons évidemment affaire à un peintre de troisième ordre, probablement Florentin, archéologue autant qu'artiste.

Tout d'ailleurs tend à prouver que les deux " storiette „ mentionnées par Vasari étaient des petites scènes religieuses (je ne sache pas que le Frate soit jamais sorti de ce cycle) et non des compositions profanes.

Notons en outre que Vasari s'extasie devant l'exécution des deux tableaux du Frate, — des merveilles, à l'entendre. Or qui oserait accorder de tels éloges aux deux tableaux du Musée de Francfort !

J'en viens au principal des arguments invoqués par les auteurs des deux articles en question: la présence des armoiries du cardinal Barbo.

On voit en effet, sur le bouclier ovale d'un des combattants, à gauche, dans le second tableau, un lion rampant accosté d'une bande. Mais est-il réellement vraisemblable que l'artiste ait placé sur un bouclier, et si peu en apparence, l'écu du cardinal ou du pape qui a commandé le tableau? Ah! si cet écu ornait la façade du palais de Saint Marc, ce serait autre chose. L'artiste y a attaché si peu d'importance que, sur un autre bouclier, il a placé une tête de Méduse, et ailleurs, sur le harnachement des chevaux, des griffons, puis, sur l'armure du personnage qui, debout à côté de la tente, brandit le javelot, un lynx, figure qu'on retrouve sur la tente même, et enfin, sur un étendard, des cercles concentriques, blason des Albizzi (1).

Le lion reparaît, toujours dans l'*Histoire d'Horatius Coclès*, sur une bannière, puis, découpé en forme de girouette, au sommet d'une tente.

S'agit-il d'ailleurs bien véritablement des armoiries du cardinal Barbo, et ce lion n'est-il pas un emblème guerrier des plus fréquents sur les boucliers, tout comme la Méduse, que l'on remarque sur un autre bouclier du même tableau? A supposer même qu'il s'agisse d'une armoirie proprement dite, le cardinal Barbo est-il donc le seul qui ait eu dans ses armes un lion rampant à la bande d'or? Tous ses proches, à commencer par son neveu le cardinal Marc Barbo, portaient les mêmes armoiries, et je ne doute pas que les héraldistes de profession ne puissent signaler beaucoup d'autres familles ayant adopté les mêmes pièces (2).

A mon avis, si un des emblèmes figurant dans les deux tableaux peut donner quelque indication sur son destinataire,

(1) Je suis redevable de cette dernière communication à l'obligeance de mon confrère et ami M. Paul Durrieu.

(2) Par exemple la famille Corsi de Florence: Voy. le *Sommario storico delle Famiglie celebri toscane.*

c'est le lynx, accompagné de la devise " Pour trover „, qui revient avec une insistance frappante sur la tente à côté de laquelle Mucius Scævola accomplit son exploit (cette devise est répétée une dizaine de fois).

Pour suivre jusqu'au bout le raisonnement de mes honorables contradicteurs, j'ai voulu savoir si un des membres de l'ancienne famille romaine, dont les Barbo de Venise se vantaient de descendre, avait joué un rôle dans les exploits à la glorification desquels sont consacrés les deux tableaux du Musée de Francfort. Or voici ce que j'ai trouvé: les Barbo rattachaient leur origine à Lucius Domitius Ahénobarbus, personnage qui fit son apparition en 496 avant J. C., lors de la bataille du Lac Régille, assez longtemps donc après Mucius Scævola et Horatius Coclès (507 av. J. C.). Le sujet choisi par l'auteur anonyme n'avait donc aucune application à l'histoire, plus ou moins légendaire, de la famille Barbo.

Les autres arguments mis en avant pour l'attribution à Fra Filippo me paraissent devoir être tous également écartés.

C'est ainsi qu'il n'est nullement démontré, comme le soutiennent les auteurs des deux articles visés, que l'artiste ait puisé dans les collections de monnaies du Cardinal Barbo. Les motifs qu'il a mis en œuvre étaient dès lors des plus répandus: il suffit de les énumérer pour montrer qu'ils constituaient le fonds commun de la Première Renaissance. Ce sont des Centaures avec un fouet à plusieurs lanières, l'Abondance, Rome assise, avec une statuette de la Victoire à la main et l'inscription S. C., Cupidon avec son arc, un Centaure enlevant une femme (Déjanire), une femme nue assise sur le dos d'un Triton, un des Dompteurs de chevaux de Monte Cavallo (à gauche dans le premier tableau), etc. Que de peintures de ce temps offraient en abondance des motifs analogues !

Il me reste à exprimer le vœu que les deux tableaux conquis par M. Thode pour le Musée de Francfort soient bientôt reproduits au moyen de la gravure (la photogravure proprement dite ne donnerait, je crois, qu'un résultat des plus incomplets). Cette reproduction permettra de déterminer avec plus de précision que je n'ai pu le faire la conformation des monuments représentés par l'artiste du XVe siècle, et ajoutera des éléments intéressants au recueil topographique de la Ville éternelle.

III.

Les Plans de la Bibliothèque de l'Escurial.

En 1886, dans mon travail sur les *Antiquités de la Ville de Rome*, j'ai signalé, d'après une communication de M. le professeur Justi, un précieux recueil de dessins de la fin du XVe siècle, conservé à la Bibliothèque de l'Escurial. En 1888, l'Académie des Lincei a bien voulu donner place, dans ses Comptes rendus, à une notice supplémentaire dans laquelle j'étudiais en détail les photographies que j'avais fait exécuter d'après ce recueil. Comme ces photographies n'ont pas été publiées jusqu'ici, je crois rendre service aux travailleurs on en plaçant le facsimilé sous leurs yeux. J'y joins, en le complétant, le texte de la notice communiquée aux Lincei. J'ajouterai que, depuis, le recueil de l'Escurial a été l'objet de commentaires dus à MM. de Rossi, Hülsen et Ficker (1).

Le recueil de l'Escurial est un volume en papier de 63 feuillets, portant d'ordinaire, sur les deux côtés, de nombreux des-

(1) *Bullettino dell' Imperiale Istituto archeologico germanico*, 1888, p. 94-95, 317-319.

sins, dont les uns représentent des édifices entiers, d'autres des
fragments et surtout des ornements. Nul doute que nous n'ayons
devant nous l'œuvre d'un des nombreux architectes qui sillon-
naient alors en tous sens l'Italie, d'un contemporain de Giuliano
da San Gallo, dont les deux albums conservés, l'un à la bibliothèque Barberini, l'autre à la bibliothèque communale de Sienne,
n'ont plus besoin d'être signalés, ou encore d'un contemporain
de Fra Giocondo qui, nous le savons par une publication ré-
cente de M. Barone, recueillait pour le compte du roi Ferdi-
nand les principales antiquités du royaume de Naples (1). J'hé-
site à prononcer un nom, me bornant à recommander le pro-
blème aux savants qui se sont voués à l'étude de la topographie
romaine.

L'exécution du recueil, on l'a vu plus haut, appartient aux
dernières années du XV° siècle, à la fin du pontificat d'Innocent VIII ou au commencement du pontificat d'Alexandre VI.
En effet un des dessins (fol. 39) contient l'inscription : ROMA |
MCCCCLXXX | XI ; d'autre part, la présence de la pyramide connue
sous le nom de *Sepulchrum Scipionum* ou *Meta Romuli* prouve
que le dessin correspondant a été exécuté avant l'année 1499,
date de la démolition de ce monument.

(1) *Archivio storico per le Provincie napoletane*, 1884-1885.
1489. 19 octobre. « Il detto Lucio da Sessa ha pure 2 d. 3. t. spesi
nei dì passati allorche Fra Giocondo, e Jacobo Sannazzaro si recarono
a Pozzuoli a vedere quelle anticaglie ».
1489. 21 octobre. « Fra Giocondo di Verona riceve 3 d. correnti
per la spesa che gli converrà fare andando a Mola ed Gaeta per vedere certe anticaglie ».
1492. 30 juin. « Si danno 4 d. 3 t. et 11 gr. ad Antonello de Capua,
pittore, e per esso a Fra Giocondo prezzo di 126 disegni, che a fatto
in due libri di Maestro Francesco de Siena in carta di papiro, uno
di architettura, e l'altro d'artigliera e di cose appartenenti a guerra ».
— Voy. en outre sur Fra Giocondo le *Corpus Inscriptionum latina-
rum*, t. III, p. XXVII et les *Inscriptiones christianae urbis Romae*
de M. de Rossi, t. II, p. 395-401.

La vue reproduite sur notre planche I-II est un croquis fait
très librement. Partant du Panthéon, que l'on voit représenté à
l'extrême gauche, il coupe la ville en ligne droite pour aboutir au
Château Saint Ange, et de là suit la ligne des fortifications
jusqu'au " Palazo papale „, c'est à dire jusqu'au Vatican inclu-
sivement. La partie la plus développée est donc le Borgo. On
y reconnaît successivement la " Meta Romuli „, l'hospice de
Santo Spirito, avec sa coupole polygonale, le clocher de l'église
attenante, puis, en revenant sur le premier plan, la grosse tour
construite par Nicolas V, et enfin le palais pontifical et la basilique de Saint Pierre. Le palais est vu de côté, comme sur
le plan de Benozzo Gozzoli, et non de face comme sur les plans
publiés par M. de Rossi.

Il importe de signaler la parfaite sincérité de l'artiste auquel est due cette vue ; il a représenté - parfois un peu naïve-
ment - ce qu'il avait sous les yeux, sans tenir compte des plans
antérieurs, depuis ceux qu'a publiés M. de Rossi jusqu'à ceux
qu'ont mis au jour le regretté Gregorovius, MM. Stevenson,
Gnoli et Strzygowski. Les informati... qu'il nous apporte sont
donc absolument indépendantes de celles de ses devanciers et
n'en ont que plus de prix.

A la vue générale de Rome, je joins, d'après une épreuve
dont je suis redevable à l'obligeance d'un ami, une vue de la
partie de la ville qui s'étend le long du Tibre (Planche I-II).

Les fouilles qui ont été entreprises au Forum avec tant de
succès dans les dernières années, et qui ont renouvelé cette partie
de la topographie romaine, m'ont décidé en outre à m'attacher,
dans le choix des spécimens que je me proposais de faire re-
produire, à un dessin assez fini, représentant le Campo Vaccino
tel qu'il était à la fin du XVe siècle (Pl. III). La vue du Forum
est prise du haut du Capitole. On aperçoit d'abord les trois colonnes du temple de Vespasien, puis, plus à droite, la colon-

nade du temple de Saturne, dans l'état, ou à peu près, dans lequel elle se trouve aujourd'hui. La partie la plus intéressante est celle qui a été représentée à gauche. Il n'est pas difficile de reconnaître l'arc de Septime Sévère (inscription: Lucio Settimeo Severo) (1), avec sa base presque complétement déblayée et son couronnement débarassé des constructions qu'y avait élevées le moyen âge (des traces de constructions se voient cependant encore sur le plan de Du Pérac, qui date de 1575). A travers l'arcade principale, on aperçoit un édifice a pilastres qui se trouve à la hauteur de l'église Sant'Adriano. Plus loin, du côté du Colisée, s'élève un édifice construit en pierres de grand appareil, avec une porte ou arcade cintrée au centre, et un fronton triangulaire. Ce monument serait identique, d'après M. Hülsen, à l'angle occidental de la basilique Emilienne. La rangée des colonnes qui fait suite est évidemment le temple d'Antonin et de Faustine. Quant au campanile, on peut y reconnaître sans hésitation celui de SS. Cosme et Damien. Au fond, le Colisée.

La vue conservée à l'Escurial, outre qu'elle est peut-être la plus ancienne des vues du Forum Romain, nous apporte donc des données intéressantes sur plusieurs monuments qui ont disparu depuis, et que les archéologues romains n'auront pas de peine à restituer, en rapprochant les éléments nouveaux fournis par le dessinateur anonyme des fouilles récemment exécutées par le gouvernement italien.

Parmi les autres dessins relatifs aux Antiquités de Rome, je citerai (fol. 4) une reproduction des mosaïques de Santa Costanza, des ornements conservés à Santa Sabina (fol. 1), d'autres provenant de la basilique des Santi Apostoli (fol. 4), de Sant'Agnese (fol. 5), de l' " Archo male arrivato „ (fol. 7), des

____

(1) Et non « l'arco Settimes Severo » comme je l'avais imprimé par erreur dans mon volume.

vues du Colisée (fol. 13, 15, 31), les détails du Château Sant'Angelo et de Sant'Adriano (fol. 14-27), de l'arc de Constantin (fol. 17), du Panthéon (fol. 18, 19, 33), du tombeau de Cecilia Metella et de Sant'Urbano (fol. 22), des reproductions d'une statue d'Hercule trouvée au Monte Cavallo et appartenant au Cardinal de Sienne (fol. 26), des mosaïques de SS. Cosma e Damiano (fol. 27), une " veduta d'Aracoeli „ (fol. 29), des croquis de fragments de sculptures conservés près de San Sebastiano, à Santa Maria in Trastevere, à Santa Cecilia (fol. 31, 33), des vues de l'arc de Vespasien, de l'arc de " Trusi „, de l'arc de Titus (fol. 34, 35, 36), du théâtre des Savelli (fol. 43), un dessin de l'Apollon du Belvédère (fol. 42), alors encore conservé dans les jardins du Cardinal de San Pietro in Vincoli, c'est-à-dire de Julien della Rovere, la plus ancienne reproduction à coup sûr de cette statue célèbre, et une infinité de plans, de vues d'ensemble ou de détails, de reproductions d'ornements de toutes sortes.

IV.

ACQUISITIONS D'ANTIQUES FAITES À ROME EN 1641.

Les Archives d'État de Florence contiennent (Spoglio Strozziano, K. T. 158) une correspondance relative à des acquisitions d'antiques négociées à Rome en 1641 pour le compte d'un amateur dont le nom n'est malheureusement pas prononcé. Quant à l'auteur de la correspondance, il n'est autre que le savant siennois bien connu, Leonardo Agostini, dont *Le Gemme antiche figurate* parurent à Rome de 1657 à 1669. Je suis redevable de la transcription de ces lettres à M. le Prof. Ginanneschi.

Molto Illustre Sig.° mio, Padrone Colendis.^{mo}

Il Sig.^r Abbate suo fratello mi ha reso la gratissima di VS. Vedo il favor duplicato che ella mi à fatto de Livi, duplicatamente la ringratio della ricevuta: resta che Lei veda in che modo devo ricompensarla in cose di suo gusto. Il medesimo Sig.^r Abbate mi significa che VS. vorebbe una testa per accompagnare il Traiano: questa invernata ne ò comperate tre per l'Emin.° Sig.^r Cardinale Padrone, delle quali senza averle vedute non ci à auto gusto: le ò tolte per me essendo due Donne et l'altra un Commodo giovine: se saranno cosa per il suo gusto ò detto al Sig.^r Abbate venga a onorarmi per vederle.

D'iscrittioni non si è veduto cosa che potesse sadisfarla che vi sono stato oculato.

M. Antonio alla Vigniola di Porta S. Sebastiano non à trovato cosa di rilevo, solo che alcune cassettelle, e scrittioni piccole sepolcrali, che le à comperate quèl Gentilhuomo Genovese. Due bellissime teste trovate pur nel medesimo luogo le à anche il Sig.^r Cardin. Antonio, non avendole volsute il Sig.^r Card. Padrone. Sono state riconosciute da me, una per Cicerone, et perchè l'altra è similissima, et erano tutte in una buca, ò fatto la conseguenza che sia Quinto suo fratello. Sono due teste che per vita mia vagliono 800 Ducati, tanto son belle di mastro e di conservatione.

Ò fatto ieri vedere al Sig.^r Abbate due cassettelle trovate a Porta Latina, una è tonda tutta intagliata con alcune lettere: il coperchio rappresenta un'animale che non si conosce che sia per la stravaganza della forma: è piena d'ossa abrogiate: è piccola, ma galantina. L'altra è quadra intagliata con fogliami e ucelli, con scrittione, et è con il coperchio. Il padrone ne vuole 8 scudi: sarebbe facile averle per [sei] o sette scudi: La piccola vale il denaro.

Farò comparire il Todino al Sig.° Abbate che desidera vederlo per sapere se à cosa alcuna, che è quanto m'occorre; et a VS. resto con infinito obligo et li prego da N. S. J. ogni felicità.

Roma, 23 Marzo 1641.

Di VS. M. Illustre

Umiliss.° Servit.°
Lionardo Agostini.

M.t° Ill. Sig.r mio Padrone Colendiss.°

Dal Sig.° Abbate suo fratello ò riceuti li due Titi Livi di che rendo infinite gratie a VS. del favore. Io so quello devesi fare per corrispondere a una particella del debito che ò con Lei.

Ieri con il medesimo Sig.° Abbate andammo alle cave di M. Antonio a Porta Latina; buscammo alcune scrittioncelle per pochi soldi: dopo ci trasferissemo fora della Porta alla cava di quel Sacerdote mio amico a dove vedessemo una Scrittione assai bella, storiata di figurine attorno: credo che l'averemo a pocho prezo con il favore di un'amico mio e del detto.

Ò fatto intendere al Todino che vadi a trovare il Sig.° Abbate, e intanto io sto vegliantino per buscar qualcosa di suo gusto. Se averò qual cosa in casa mia che sia per Lei, già il medesimo Sig. Abbate mi ha favorito di vederlo: VS. gli scriva che mi torrò onorato che si serva di quello che ò, quale con ogni affetto gli lo esibisco, che è quanto posso offerirgli di mia povertà.

Il copista sta bene, ma quest'anno poche cose à trovato. Domane lo vedrò et farò quanto comanda, e con tal fine le fo umilissima reverenza, pregandoli da Nostro Sig.° J. ogni felicità.

Roma, 6 Aprile 1641

Di VS M° Illus.

Umiliss° Servit.°
Lionardo Agostini

Mo Illa. Sig.r mio Padrone Colendiss.°

Sento dalla sua amorevolissima delli 20 decorso quanto Ella
mi dice intorno al particolare delle Cave. Io non posso con sì minima dimostratione sadisfare al molto merito di lor Sig. et al
infinito obligo che devo alla sua persona: così Dio mi concederà
di poter corrispondere con cose proportionate al suo merito come
io sarei prontissimo, come sono con tutto il vero affetto, ne l'andare alle Cave ne menò una povera medaglina sufficiente a una
minima parte che gli sono tenuto: resti almeno VS. appagata del
mio buono affetto che per testimonio gli adduco il Sig.r Cardinale
Padrone, che ieri mattina alla tavola si parlò sempre di Lei con
il proposito di due delle Scrittioni che sono tra quelle che il
Sig.r Abbate et io avessimo da M. Antonio. Una di esse contiene
di uno che riportava l'oche quelle Statue: et l'altra di due Gla-
diatori che andavano alla souola insieme: mi domandò se io le
avevo vedute. Gli risposi che ero stato in compagnia con il Sig.r Abbate suo fratello, et che da Lei avevo riceuto favore di poterlo
menare alle Cave dove era solito andare VS. et io in compagnia.
Replicò l'E. S. che era peccato che un virtuoso come VS. non
stesse in Roma, mostrando di averne sentimento, come io morti-
ficatione, non poter servirla di preferenza.

Il caso mi portò a discorrere delle sue curiosità, tra le quali
gli ricordai quelle gentilezze di creta trovate a Loncheria rap-
presentanti le cose del Nilo. Le sentì con tanto gusto che mi à
comandato che io gli deva scrivere che gli facci piacere di man-
dargliele disegniate che le vedrà con molto gusto. VS. si conten-
terà di far disegniare quelli pezzetti più grandi che sono quelle
cacce e Cappannoci che son veramente curiose; et intanto perdo-
narmi se io son causa di questa briga, et incolpi il devoto affetto
che gli porto .... ppotendo ancora di .... scerere gli obblighi.
Ne ò volsuto dar parte al Sig.r Abbate ma questo .... ancora non
era tornato di fuora di Roma dove è con il Sig.r Marchese da 4

o 5 giorni: intanto sto vigilantissimo se mi posso aver qual cosa da poterla servire, ma mi creda che è finito il mondo in queste materie. Ò speranza in ogni modo avanti alla partenza del Sig.° Abbate aver qual cosetta che sia di suo gusto. Il Copista vive tutto suo devotissimo: à buscato un'Alessandro Magnio con una quadriga; ma è medaglia di Cotrone che non sono di buona maniera. Che è quanto mi occorre con farli umilissima reverenza. Le prego da N. S. hogni felicità — Roma, 4 Maggio 1641.

Di VS. Mt° Illustre

Già ò cominciato a far disegniare le medaglie del Sig.ʳ Cardinal Padrone. S. E. ci à molto gusto.

Umiliss° Servit.°
Lionardo Agostini.

Molto Ill.° Sig.° mio Proffe Colendis.°

Sono molti giorni che devevo rispondere alla sua amorevolissima. Scusimi VS. se prima non ho soddisfatto a questo debito: la causa è stata da alcuni miei travagli di mente. Intesi come Lei non aveva ritrovato i suoi bassi rilievi, di che mi ne dispiace. Io non dissi altro al Sig.ʳ Cardinal Padrone: nè meno S. E. mi à più detto cosa alcuna. La scrittione la quale gli avvisai non fu possibile averla per nessun verso: io ci sto con molta attentione. Il Computista mi à detto che a Porta portuense in una Cava ve ne stata trovata una: Lunedì senza fallo anderò a vederla e se sarà cosa per la quale, sia sicura che non la lascierò.

Un cavatore mio amico mi à detto che vicino a Santo Pavolo, lungo il fiume, ne à veduta una coperta della quale se ne vede una parte: gli ò detto che la cavi et mi dica la grandezza: se sarà cosa a proposito la terrò a sua requisitione.

Lunedì il Sig.ʳ Marchese Strozzi comperò dal Todino due belle figurine et una testa per mio consiglio, che invero fece bona spesa. Vi è una donna vestita che è cosa mirabile.

Il povero Jacomo nel farle condurre a casa di S.ª Sig.ta Ill.ma
fu da un carro calcatogli un piede che ne sta molto male: credo
che sia allo Spedale a farsi curare. Gli ò raccomandato che stia
vigilante se gli capitasse una Scrittione che fusse a proposito: me
ne à mostrata una che saria bellissima, ma ne manca una parte.
Che è quanto mi occorre: con che le fo umilissima reverenza e le
prego da N. S. hogni felicità — Roma, 24 Ag.º 1641.

Di VS M. Illustre

Umiliss.º Servitore
Lionardo Agostini.

Ecole Fr de Rome. Mélanges G. B. De Rossi
E. Nanz

École fr. de Rome Mélanges G.B. De Rossi
VUE DU FORUM